Hartmut Jaeger

Warum das alles?

Persönliche Erfahrungen und Denkanstöße im Leid

Hartmut Jaeger

WARUM das alles?

Persönliche Erfahrungen und Denkanstöße im Leid

Impressum

Jaeger, Hartmut
Warum das alles?
Persönliche Erfahrungen und Denkanstöße im Leid

ISBN 978-3-89436-801-2

2. überarbeitete Auflage

Satz: Johannes Heckl, Dillenburg, www.iamjo.de
Umschlaggestaltung: Christoph Ziegeler, Bremervörde, www.pixel-kraft.de
Druck: CPI Moravia Books, Pohorelice

Bildnachweis:
S. 13, 18, 37, 38, Titel: © iStockphoto.com
S. 25: ZAM – Zentralafrika-Mission, www.zam-online.de

Printed in Czech Republic

Wie kann Gott das zulassen?

Persönlich

Mai 1989 – wir stecken so richtig mittendrin. Meine Frau liegt im Krankenhaus, und unsere beiden Töchter sind bei den Omas untergebracht. Wir wissen nicht, wie alles weitergehen soll. Hinzu kommt, dass ich in dieser Zeit eine Vortragsreihe zu halten habe. Ich soll in einem Missionszelt über das Thema sprechen: Wie kann Gott das alles zulassen? Aber gerade an diesem Abend bekomme ich eine erste Antwort auf meine persönlichen Fragen zum Thema »Leid«. Unter den Zuhörern sitzt ein junger Mann, dem selbst das Wasser bis zum Hals steht. Er merkt, dass ich nicht als Blinder von der Farbe spreche. So kommt er nach dem Vortrag zu mir. Gott führt es so, dass ich ihm Mut machen kann. Nebenbei bemerke ich, dass ich durch dieses seelsorgerliche Gespräch auch selbst gestärkt werde.

Da wird mir zunächst eines klar: Gott lässt Leid in meinem Leben zu, damit ich anderen helfen kann.

In diesem Moment weiß ich noch nicht, was uns als Familie alles erwartet. Aber ich ahne, dass Gott etwas vorhat – auch durch das Leid in unserem Leben. Wir erleben eine mehrmonatige Krankheitszeit.

Wir wollen sie nicht noch einmal erleben, aber sie auch nicht missen, weil wir darin um Erfahrungen mit Gott reicher geworden sind.

11 Jahre später – meine Frau hat nach einer Schwangerschaft eine schwere Wochenbett-Depression, ich muss wegen eines Leistenbruchs ins Krankenhaus. Bei uns geht alles drunter und drüber. In diesem Chaos erreicht mich ein Anruf. Eine Frau bittet um Hilfe: »Können Sie mir nicht Mut zusprechen?« Im Stillen denke ich: »Wenn Sie wüssten, wie mir selbst zumute ist!«

Wir kommen oft an unsere Grenzen. Wir stellen die Frage: »Warum?«

Wie gut, wenn man in solchen Situationen weiß, dass es einen Gott gibt, der auch in tiefem Leid inneren Frieden schenken kann. Diesen Gott können Sie in diesem Buch näher kennenlernen.

Mir ist bewusst, dass ich nicht alle Fragen zum Thema »Leid« beantworten kann. Aber mitten hinein in die Leidfrage ist mir in den letzten Jahren ein Bibelwort aus Psalm 55 Vers 23 sehr wichtig geworden:

» Wirf auf den HERRN deine Last, und er wird dich erhalten. «

Wir sind unterschiedlich betroffen

Täglich werden wir mit der Leidfrage konfrontiert. Unzählige Hiobsbotschaften erreichen uns durch die Medien. Unsere Ausgangspositionen sind sehr unterschiedlich. Vielleicht gehören Sie zur Gruppe der unmittelbar Betroffenen. Sie brauchen Mitgefühl. Sie dürfen in diesem Buch einen Gott kennenlernen, der dieses Mitgefühl aufbringt, der Sie liebt und der Trost und Hilfe gibt.

Es gibt aber auch Menschen, für die die Frage nach dem Leid eine Art Alibifunktion hat. Ein anderer, viel wichtigerer Sachverhalt soll verschleiert werden. Man sucht nach Ausreden, um ein gottloses Leben zu rechtfertigen. Man will im Grunde von Gott nichts wissen. So ist man froh, wenn man Gott mit Anklagen zur Seite schieben kann.

Da diskutieren wohlgenährte Menschen über den Hunger und die Ungerechtigkeit in der Dritten Welt und geben Gott die Schuld dafür. Sie selbst fragen nicht nach Gott, aber wenn es um unlösbare Probleme geht, muss Gott herhalten. Sollten Sie zu dieser Gruppe gehören, dann wünsche ich Ihnen, dass Sie Ihre persönliche Verantwortung vor Gott erkennen und lernen, in guten wie in schlechten Tagen Gott die Ehre zu geben. Wir sollten uns abgewöhnen, nur dann nach Gott zu fragen, wenn es uns dreckig geht.

Der Grad der Betroffenheit in Bezug auf Leid ist also sehr unterschiedlich.

Es gibt verschiedene Kategorien von Leid

Ich teile das Leid in drei verschiedene Kategorien ein: Zunächst kennen wir *selbstverschuldetes* Leid. Dann gibt es Leid, das sich Menschen *gegenseitig zufügen*. Und zur dritten Kategorie gehört das Leid, das Menschen *aufgrund von Krankheit oder Naturkatastrophen* erleben. Dieses Leid macht uns in der Regel am schwersten zu schaffen.

⋯› Zum *selbstverschuldeten Leid*:

Trinkt jemand täglich zwei Flaschen Whisky, so darf er sich nicht beschweren, wenn er eine kranke Leber bekommt. Dafür ist er selbst verantwortlich und nicht Gott. Natürlich weiß ich auch, dass ein solches Verhalten eine Vorgeschichte hat. Aber letztlich ist jeder Mensch selbst verantwortlich für das, was er tut. Leider trifft die folgende Redensart häufig zu:

»Das ist das größte Leid, was der Mensch sich selbst andeit.«

⇢ Zum *Leid, das Menschen einander zufügen*:

Menschen beuten andere aus. Menschen machen sich gegenseitig das Leben schwer. Da ist so viel Ungerechtigkeit, die Unschuldige leiden lässt.

Betrug, Gewalt, Krieg – hier besteht ein klarer Zusammenhang zwischen widerfahrenem Leid und solchen, die das Leid verschulden. Können wir Gott dafür verantwortlich machen, wenn sich Menschen gegenseitig die Köpfe einschlagen, wenn die Lebensmittelreserven auf dieser Erde ungerecht verteilt sind, wenn Unschuldige im Krieg leiden?

Sind wir nicht etwas voreilig, wenn wir Gott den schwarzen Peter zuschieben? Die Römer hatten ein treffendes Sprichwort: *»Homo homini lupus est«* (Der Mensch ist des Menschen Wolf).

Gottes Liebe und Allmacht

In diesem Zusammenhang wird oft die Frage gestellt: Wenn Gott allmächtig ist, warum greift er dann nicht ein? Er könnte dem Morden doch ein Ende machen. Er könnte alles Unrecht auf dieser Welt sofort beseitigen. Warum tut er das nicht? Könnte er nicht gerade dadurch beweisen, dass er uns liebt? Diese Frage hat Menschen zu allen Zeiten beschäftigt.

Ich möchte eine Gegenfrage stellen: Könnte nicht gerade die Tatsache, dass Gott den Menschen gewähren lässt, ein Zeichen seiner Liebe sein?

Sehen wir uns einmal eine Antwort an, die Petrus im ersten Jahrhundert Christen gibt, die wegen ihres Glaubens an Jesus Christus leiden müssen:

> *»Die jetzigen Himmel und die jetzige Erde aber sind durch dasselbe Wort aufbewahrt und für das Feuer aufgehoben zum Tag des Gerichts und des Verderbens der gottlosen Menschen.*
>
> *Dies eine aber sei euch nicht verborgen, Geliebte, dass beim Herrn ein Tag ist wie tausend Jahre und tausend Jahre wie ein Tag.*
>
> *Der Herr verzögert nicht die Verheißung, wie es einige für eine Verzögerung halten, sondern er ist langmütig euch gegenüber, da er nicht will, dass irgendwelche verloren gehen, sondern alle zur Umkehr kommen.«*
>
> (2. Petrus 3,7-9)

Petrus betont drei Tatsachen, um den Gläubigen, die verfolgt werden, Mut zu machen:

Gottes Gerechtigkeit

Zunächst macht er deutlich, dass Gott ein gerechtes Gericht sprechen wird. Alle Ungerechtigkeit dieser Welt wird gerichtet werden! Dieses Gericht hat er seinem Sohn Jesus Christus übertragen. Dieser hat alle Vollmacht dazu bekommen (Johannes 5,22.26).

Jesus Christus weiß am besten, wie es hier auf dieser Erde zugeht. Er hat hier gelebt. Er hat hier gelitten. Er weiß, wie jemandem zumute ist, der ungerecht behandelt wird. Darauf können wir uns verlassen: Bei seinem Gericht wird ein gerechtes Urteil über jeden Menschen gesprochen werden. Vielleicht werden Sie in Ihrem Leben ständig übervorteilt. Vielleicht sind Sie von der Rechtsprechung in unserem Land enttäuscht – dann dürfen Sie wissen: Alles Unrecht kommt ans Licht. Jedes Verbrechen wird einmal aufgedeckt.

Weil Gott Gott ist, gibt es garantiert eine gerechte Endabrechnung. Gerechtigkeit gehört zu seinem Wesen. Da der Mensch Gottes Herrschaft nicht anerkennt, gibt es jetzt auch noch keine vollkommene Gerechtigkeit.

Gottes Zeitrechnung

Petrus verweist auch auf die Zeitrechnung Gottes. Er stellt eine merkwürdige Gleichung auf:

Wir tun oft so, als seien die 60, 70 oder 80 Jahre unseres Lebens auf dieser Erde das Wichtigste.

Damit macht er deutlich, dass Gott nicht der Zeit unterworfen ist, wie wir es sind. Wir wollen die Leidfrage einmal aus der Schau Gottes sehen. Das Leben auf dieser Erde ist nur ein Bruchteil der Wirklichkeit. Wir tun zwar manchmal so, als seien die 60, 70 oder auch 80 Jahre unseres Lebens auf dieser Erde das Wichtigste.

Dabei vergessen wir, dass nach unserem leiblichen Tod eine Zeit ohne Ende folgt: die Ewigkeit.

Petrus will den Christen Folgendes deutlich machen. Besser hier gelitten und gottesfürchtig gelebt und dann für immer in der Gemeinschaft mit Gott, als bequem und ohne Gott, aber für immer in der Trennung von Gott.

Ganz ähnlich argumentiert Paulus. Er erinnert die Christen in Rom an diese Tatsache. Sie leiden im Römischen Weltreich unter grausamen Verfolgungen.

Er benutzt das Bild einer Balkenwaage:

»Die Leiden der jetzigen Zeit fallen nicht ins Gewicht gegenüber der zukünftigen Herrlichkeit.«
(Römer 8,18)

Paulus legt das Leid dieser Welt in die eine Waagschale. Es wiegt schwer. Aber dann legt er in die andere das, was die Christen in der immer währenden Gemeinschaft mit Gott erwartet. Und da stellt er fest, dass diese Zukunftsperspektive der Gläubigen so überwältigend ist, dass man beides – das Gegenwärtige und das Zukünftige – gar nicht gegeneinander aufwiegen kann. Das Leid dieser Welt fällt nicht mehr ins Gewicht. Paulus weiß, wovon er redet. Er hat aufgrund seines Bekenntnisses zu Jesus Christus mehrfach im Gefängnis gesessen, ist gesteinigt und ausgepeitscht worden (vgl. 2. Korinther 11,10.12-16). Aber er weiß, für wen er lebt und wo er einmal sein wird. Und tatsächlich heißt die letzte Antwort Gottes auf alles Leid: **Auferstehung.**

Das ist kein billiger Trost,
sondern ein kostbares Wissen.

Ich freue mich auf die Begegnung mit Jesus Christus. Dann werde ich für immer bei ihm sein.

Gottes Geduld

Petrus macht den Verfolgten auch Mut, indem er auf die Geduld Gottes verweist:

Der Herr hat euch nicht vergessen. Die Tatsache, dass er noch nicht sofort dazwischenhaut und alles Unrecht unmittelbar richtet, ist nur ein Beweis seiner Langmut. Er hat für jeden Menschen den Wunsch, dass er umkehrt, seine Schuld bekennt und freiwillig ein neues Leben unter der Herrschaft von Jesus Christus gestaltet. Deshalb lässt er dem Menschen noch Zeit.

Jeder neue Tag ist ein Geschenk Gottes. Damit bekommen Menschen immer wieder eine Chance, ihr Leben mit Gott in Ordnung zu bringen.

Wenn Gott alles Unrecht sofort richten würde, könnten wir dieses Buch nicht lesen. Wir wären nicht mehr hier. Oder sind Sie vielleicht ein Mensch, der noch nie ein Gebot Gottes übertreten hat? Nein, es gibt keinen Menschen, der nicht schuldig wäre vor Gott!

Bisher haben wir uns zwei Kategorien des Leids angesehen:

- Selbstverschuldetes Leid
- Leid, das auf die Ungerechtigkeit in dieser Welt zurückzuführen ist – Leid, das uns andere Menschen zufügen.

Fehlt noch die dritte Kategorie.

Die schwierigste Kategorie des Leids

Naturkatastrophen – und in der Regel auch Krankheiten – kann man nicht auf das Verschulden anderer Menschen zurückführen. Die Schuldfrage ist fehl am Platz. Hier zeigt sich eine weitere Dimension des Leids – aus menschlicher Sicht die schwierigste.

Januar 1996 – ich soll eine Beerdigung halten. Der Verstorbene hat seine Frau und fünf Kinder hinterlassen. Er ist 42 Jahre alt geworden und war für mich ein vorbildlicher Christ. Viele haben monatelang für ihn gebetet. Und dennoch musste er sterben. Und wieder wird die Frage laut: Warum? Warum gerade er, da er doch so dringend für seine Familie gebraucht wird?

Ich weiß es nicht.

Um überhaupt im Ansatz Antworten auf diese Fragen zu finden, sollten wir uns zunächst einmal fragen, welches Gottesbild wir eigentlich haben.

Das Gottesbild der Bibel

Oft wird folgendermaßen kombiniert: Wir erleben Krankheit. Wir sehen die zerstörte Schöpfung. Wir wissen ganz genau, dass vieles chaotisch läuft. Und was tun wir? Wir ziehen aus der Beobachtung in dieser Welt Rückschlüsse auf das Wesen eines unsichtbaren Gottes. Und dann wird gesagt:

Wenn Gott Liebe ist, dann kann er doch unmöglich zulassen, dass Menschen leiden.

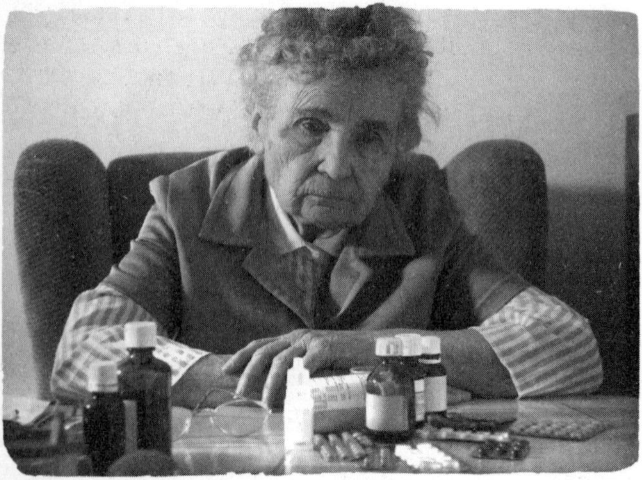

Wir beobachten also Leid in dieser Welt und ziehen den Schluss, diese Beobachtung sei nicht in Übereinstimmung zu bringen mit dem Wesen der Liebe Gottes. Wie kann Gott Liebe sein und solch ein Leid im Leben eines Menschen zulassen?

Welche Informationen über Gott müssen wir denn zur Beantwortung der Leidfrage berücksichtigen?

1. Gott hat das Böse nicht gewollt

Im Paradies ging es dem Menschen gut. Aber als der Mensch Satan mehr gehorchte als Gott, kam alles durcheinander.

Gott hat uns als moralische Wesen geschaffen. Wir sind imstande, richtige und falsche Entscheidungen zu treffen. Wir sind Persönlichkeiten, die verantwortungsbewusst denken und handeln können. Diese Fähigkeit unterscheidet uns von den Tieren.

So bekamen die ersten Menschen ein Gebot, von einem bestimmten Baum im Paradies nicht zu essen. Gott nannte ihnen auch die Konsequenzen, wenn sie sich über dieses Gebot hinwegsetzten. Trotzdem entschied sich der Mensch gegen Gottes Gebot und brachte damit alles durcheinander.

Bevor der Mensch damals eine falsche Entscheidung traf, erlebte er in jeder Beziehung vollkommene Harmonie. Wir können das Leid dieser Welt nur erklären, wenn wir wissen, wie alles angefangen hat. Deshalb ist es so wichtig, dass wir das »Buch der Anfänge« zu Rate ziehen.

Aus dem ersten Buch Mose, Kapitel 3 erfahren wir, dass der Mensch Gottes Gebot übertreten hat. Das Vertrauensverhältnis zwischen Gott und seinen Geschöpfen ist seitdem gestört. Statt Vertrauen macht sich Misstrauen breit.

Und das hat auch Auswirkungen auf das Verhältnis der Menschen untereinander und auf das Verhältnis zwischen Mensch und Natur.

Seit dem Sündenfall bedroht der Mensch die Natur. Er hat seinen eigentlichen Auftrag, die Schöpfung zu bewahren, zu egoistischer Ausbeutung pervertiert.

Seit dem Sündenfall bedroht aber auch die Natur den Menschen, zum Beispiel durch Naturkatastrophen. Alles ist durcheinandergeraten.

Wir halten fest: Sünde ist ein Beziehungskiller.
Sünde zerstört.

Fassen wir zusammen: Als der Mensch sich gegen Gott auflehnte, kam die Sünde in die Welt und damit der Tod. Seitdem ist bei uns buchstäblich der Tod im Topf.

Der Verlust der harmonischen Gottesbeziehung hat zu all dem Leid in der Welt geführt. Die ganze Schöpfung seufzt unter der Sünde (vgl. Römer 8,19-22). Statt Harmonie beherrscht Disharmonie unsere Welt.

Dies wird im folgenden Schaubild verdeutlicht:

Die Folgen des Sündenfalls nach 1. Mose 3

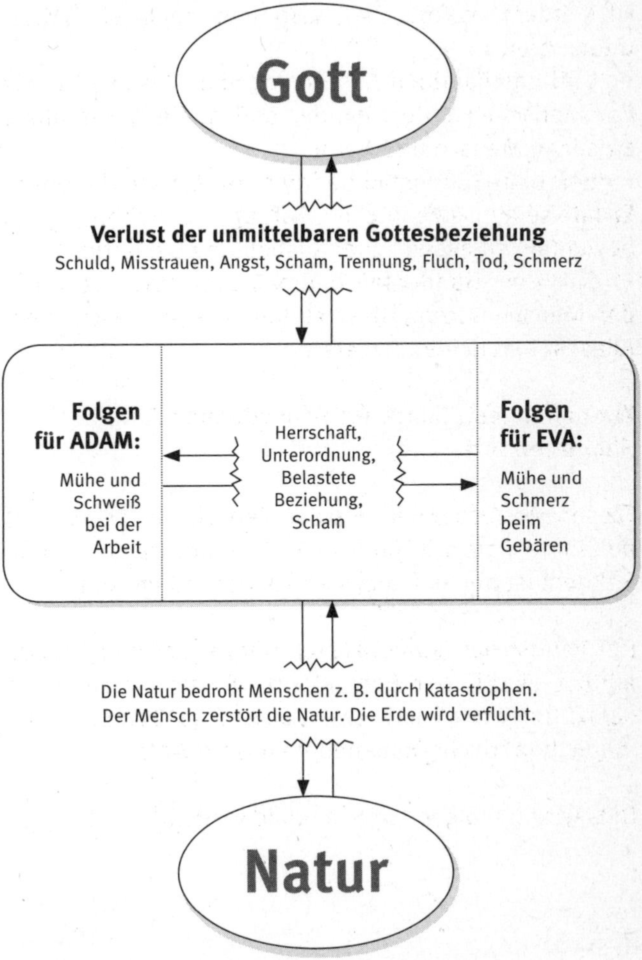

2. Gott ist Liebe

Ja, Sie haben richtig gelesen. Wir finden eine Antwort auf die Leidfrage im Wesen der Liebe.

Zum Wesen der Liebe gehört, dass sie die Entscheidung des Gegenübers respektiert. Als ich 1979 meine jetzige Frau fragte, ob sie sich vorstellen könne, mich zu heiraten, ging ich das Risiko ein, dass sie »Nein« sagt. Das Werben um Liebe ist und bleibt ein Risiko. Das Werben um Liebe schließt immer das Risiko mit ein, dass mein Gegenüber sich gegen mich entscheidet.

Als Gott den Menschen schuf, hat er ihn befähigt, beziehungsorientiert zu leben. Das zeichnet uns als kontaktfähige Persönlichkeiten aus.

Gott sucht Gemeinschaft mit uns. Aber er wünscht sich in seiner Gegenwart Menschen, die ihn freiwillig lieben. Er zwingt niemand zu seinem Glück. Denn Gegenliebe bekommt man nur auf freiwilliger Basis. Gott lässt es also zu, dass seine Schöpfung zerstört wird, weil er uns bedingungslos liebt.

Er will sein Verhältnis zu uns auf Liebe aufbauen und nicht auf Zwang.

Deshalb hat Gott uns auch mit unserer Not nie allein gelassen. Von Anfang an verheißt er einen Retter. Ihm war und ist es nie egal, wenn seine Geschöpfe in eine falsche Richtung laufen. Er bemüht sich immer liebevoll darum, sie in seine Gemeinschaft zurückzurufen.

Gott wirbt um unsere Liebe. Und bis heute geht er das Risiko ein, dass Menschen »Nein« sagen und mit ihm nichts zu tun haben wollen. Gott liebt den Menschen.

Jetzt können wir uns noch einmal die Frage stellen: Warum lässt Gott das zu? – aber nun in Bezug auf Gottes Sohn, der in dieser Welt gelitten hat.

> *»Ein Diener des Hohenpriesters schlägt Jesus ins Gesicht«* (Johannes 18,22).
>
> Warum lässt Gott das zu?

> *»Dann nahm nun Pilatus Jesus und ließ ihn geißeln. Und die Soldaten flochten eine Krone aus Dornen und setzten sie auf sein Haupt und warfen ihm ein Purpurkleid um; und sie kamen zu ihm und sagten: Sei gegrüßt, König der Juden! Und sie gaben ihm Schläge ins Gesicht«* (Johannes 19,1-3).
>
> Warum lässt Gott das zu?

> *»Und er selbst trug sein Kreuz und ging hinaus nach ... Golgatha, wo sie ihn kreuzigten«* (Johannes 19,17).
>
> Warum lässt Gott das zu?

Die Antwort: »Weil er uns liebt!«

Gott setzt seiner Liebe die Krone auf, indem er seinen eigenen Sohn für uns Menschen sterben lässt:

> *»Denn so hat Gott die Welt geliebt, dass er seinen eingeborenen Sohn gab, damit jeder, der an ihn glaubt, nicht verloren geht, sondern ewiges Leben hat«* (Johannes 3,16).

Das Kreuz ist auch in der Leid-Frage der große Trumpf in Gottes Hand. Am Kreuz sehen wir den leidenden Gott. Und hier fragt selbst der Sohn Gottes:

> *»Mein Gott, warum hast du mich verlassen?«* (Psalm 22,2)

Am Kreuz gibt Gott seine Antwort auf die Leidfrage. Er leidet selbst für die Menschen. Und damit bahnt er selbst den Weg zurück in die Gemeinschaft mit ihm. Und das ist für jeden Menschen eine gewaltige Chance.

Aber wie reagiert nun Gott im Einzelfall? Welche Hilfe erfahren wir in der schwierigsten Kategorie des Leids? Bei Krankheit – obwohl wir mit unserem Körper verantwortlich umgegangen sind. Was ist zum Beispiel, wenn jemand von Geburt an schwer krank ist?

Lesen wir dazu aus Johannes 9 die Verse 1-3:

> *»Als er vorüberging, sah er einen Menschen blind von Geburt. Und seine Jünger fragten ihn: Rabbi, wer hat gesündigt – dieser oder seine Eltern, dass er blind geboren wurde? Und Jesus antwortete: Weder dieser hat gesündigt noch seine Eltern, sondern damit die Werke Gottes an ihm offenbart werden.«*

Jesus ging damals nicht achtlos an Notleidenden vorüber, sondern er half ihnen. Das Leid dieser Welt lässt Gottes Herz nicht kalt. Jesus ist ein Gott, der weinen kann (vgl. Johannes 11,34). Darin unterscheidet er sich von allen anderen Göttern dieser Welt.

Auf Grund dessen komme ich zum nächsten Punkt!

Zerstörte Häuser nach dem Erdbeben in Haiti

3. Unser Gott ist ein mitfühlender Gott

Weil mein Herr Jesus Christus selbst hier gelebt hat und weinen konnte und mit mir in meinen Nöten mitfühlt, will ich gern meine Anliegen, meine Sorgen im Gebet zu ihm bringen. Deshalb praktiziere ich, was Paulus empfiehlt. Und diesen Tipp schreibt er nicht von einer karibischen Urlaubsinsel, sondern aus einem römischen Gefängnis. Im Brief an die Philipper heißt es:

> *»Seid um nichts besorgt, sondern lasst in allem durch Gebet und Flehen mit Danksagung eure Anliegen vor Gott kundwerden; und der Friede Gottes, der allen Verstand übersteigt, wird eure Herzen und eure Gedanken bewahren in Christus Jesus.«*
>
> (Philipper 4,6-8)

Ich will mich im Leid nicht einigeln, sondern auf andere zugehen; nicht stumm resignieren, sondern Not herausschreien. Es tut schon gut, wenn wir Menschen uns untereinander alles sagen können.

Wie viel mehr ist das bei einem liebenden Vater im Himmel der Fall, dem man alles sagen darf.

Paulus macht allerdings deutlich: Bewahre dir eine dankbare Grundhaltung Gott gegenüber. »*Mit Danksagung!*« Hadere nicht mit Gott. Bei allem Leid darf ich auch nach Gründen der Dankbarkeit suchen. Und wenn es nur die einfache Tatsache ist, dass ich heute Morgen so viel Kraft hatte aufzustehen.

Wenn wir zu Gott kommen und unseren ganzen Frust rausschreien, aber uns gleichzeitig die dankbare Grundhaltung bewahren, werden wir erleben, was Paulus als Folge dessen ankündigt: »*Dann wird der Friede Gottes*« unsere Gedanken prägen – der Friede, den Jesus z.B. ausstrahlte, als er für die Menschen betete, die unter seinem Kreuz standen. Der Friede Gottes wird unsere Gedanken bewahren!

Ich kann rückblickend nur sagen: **Es funktioniert!** Es ist wirklich möglich, in großem Leid, in äußeren Schmerzen einen tiefen inneren Frieden zu erleben. Die Gemeinschaft mit Gott macht es möglich. Wir haben einen mitfühlenden Gott!

Es ist wirklich möglich, in großem Leid, einen tiefen inneren Frieden zu erleben!

EXKURS

Wer ist schuld am Leid?

»Die Jünger fragten: Wer hat gesündigt?« – die Frage der Jünger in unserem Text aus dem Johannesevangelium zeigt, dass wir Menschen viel zu schnell bei Schuldzuweisung sind.

Man meint, Krankheit sei etwas Negatives, und deshalb wird sie mit einer Strafe gleichgesetzt. Es muss also Sünde vorliegen bei dem Kranken oder bei seinen Eltern. So dachten damals die Jünger Jesu. Leider gibt es auch heute christliche Bewegungen, die meinen, wenn man wirklich glaubt, dürfe man nicht krank sein.

Wie viel seelische Not durchleben Menschen, die überzeugt sind, Gott würde sie mit Krankheit strafen.

Jesus Christus macht jedoch deutlich, dass Gott andere Ziele hat. Mit seiner Antwort will Jesus nicht sagen, dass der Mann oder seine Eltern sündlos sind, aber er macht unmissverständlich klar, dass die Krankheit nicht auf eine bestimmte Sünde zurückzuführen ist. Jesus sagt, dass Gott etwas mit diesem Mann plant.

Zum biblischen Gottesbild gehört noch eine weitere Tatsache: Gottes Souveränität!

4. Gott ist in seinem Handeln souverän

Kein Mensch kann Gott Vorschriften machen. Manche haben die Vorstellung, sie könnten Gott auf die Anklagebank setzen. So geht es nicht. Wir können gar nicht groß genug von Gott denken. Die Tatsache, das Gott Gott ist, schließt einfach aus, dass wir ihn in seinem Handeln immer verstehen können. Der Schöpfer ist größer als das Geschöpf. Jemand hat einmal gesagt:

> »Je länger ich lebe, umso mehr danke ich Gott, dass ich ihn nie ganz verstehen kann. Denn wenn er nicht größer wäre als mein Begriffsvermögen, dann wäre er gewiss nicht in der Lage, diese Welt zu regieren, noch viel weniger sie zu retten.«

So kommen wir auch bei der Beantwortung der Leidfrage an Grenzen. Das liegt in der Natur der Sache.

Faszinierend ist die Antwort Jesu auf das Leid des Blindgeborenen:

> *»Weder dieser hat gesündigt noch seine Eltern, sondern damit die Werke Gottes an ihm offenbart werden.«*

Jesus sagt, dass die Werke Gottes an diesem Mann sichtbar werden sollen. Das gab dem Mann eine ganz neue Perspektive. Wie wird er aufgehorcht haben, als er das plötzlich hörte.

Jesus macht deutlich: Dieser Mann ist kein Taugenichts, kein Schmarotzer der Gesellschaft. Das ist kein nutzloser Krüppel. Hier erfahren wir etwas über göttliche Ethik.

Im Gegensatz dazu stehen in unserer Gesellschaft die Überlegungen, Leben zu beseitigen, falls es für andere zu einer angeblich untragbaren Last wird. Dazu werden z.B. Methoden wie Abtreibung und Euthanasie angewandt. In einer gottlosen und vom Egoismus bestimmten Gesellschaft bleiben meist die auf der Strecke, die das Bruttosozialprodukt nicht steigern können, sondern nur belasten. Wo handelt man noch nach der Präambel unseres Grundgesetzes »im Bewusstsein der Verantwortung vor Gott und der Würde des Menschen«?

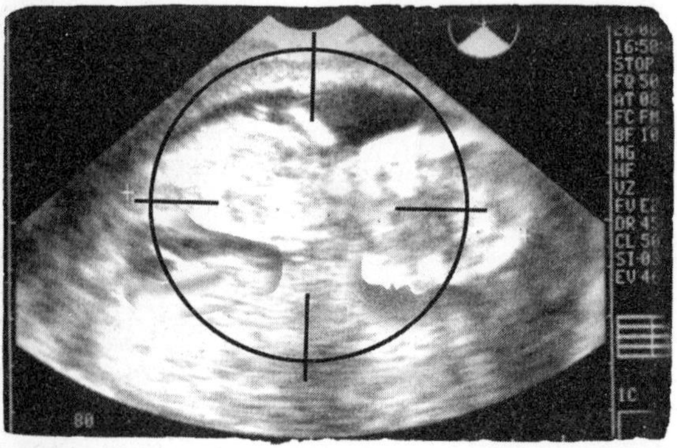

Ultraschallaufnahme von einem Embryo im 3. Monat

Vor einigen Jahren sagte Altbundespräsident Dr. Karl Carstens auf einer Pädagogentagung: »Die Ursache aller Übel in Deutschland ist die mangelnde Gottesfurcht.« Wo Gott nicht mehr gefürchtet wird, ist alles erlaubt.

> »Müssen wir uns da wundern, wenn eine deutsche Krankenkasse einen Arzt auf Schadensersatz verklagt, weil er zu spät erkannt habe, dass seine Patientin ein behindertes Kind erwartet? Durch die Geburt des Kindes müsse die ›Gesundheitskasse‹ Geld aufwenden, das durch eine Abtreibung eingespart worden wäre. So ist es geschehen. So wird das vermeintliche Recht auf Abtreibung zur Pflicht. ... Wenn Abtreibung praktisch bis zur Geburt erlaubt ist, stellt sich unvermeidlich die Frage der Früheuthanasie. In den Ländern, die Euthanasie an Alten und Kranken mehr oder weniger offen praktizieren, fing die Euthanasiedebatte immer mit einem besonders schwer behinderten Kind an – und dann gab es kein Halten mehr.«
>
> – so ein Bundestagsabgeordneter im Nachrichtenmagazin idea (20/99).

Je mehr sich unsere Gesellschaft der Verantwortung vor Gott entzieht, desto größer wird die soziale Ungerechtigkeit. In den Augen Gottes ist aber jeder Mensch wertvoll!

Das Geheimnis eines glücklichen und zufriedenen Lebens liegt in dem Bewusstsein, dass Gott mir das Leben geschenkt hat und dass ich dazu da bin, Gott zu ehren. Und diese Aufgabe kann ich erfüllen, wenn mein Verhältnis zu Gott in Ordnung ist. Diese Aufgabe gibt meinem Leben einen Sinn, unabhängig von äußeren Umständen.

Ausgerechnet dieser blinde Bettler soll also ein Zeugnis für Gottes Herrlichkeit und Macht sein. Das Leben dieses Mannes soll dem höchsten Zweck dienen, den überhaupt ein Menschenleben im ganzen Universum erfüllen kann: Durch sein machtvolles Handeln an diesem Menschen will sich der souveräne Gott offenbaren.

Vielleicht denken wir jetzt an so manchen hilflosen Menschen in unserer nächsten Umgebung, der buchstäblich dahinvegetiert – an einen Menschen, der für andere nur Mühe und Arbeit verursacht. Auch ein solches Leben hat einen heiligen und unantastbaren Sinn. Zumindest kann es uns, die wir vielleicht gesund sind, dazu bringen, dass wir wieder neu dankbar werden. Es kann uns aber auch dazu verhelfen, dass wir uns in der eigenen Notsituation einen Blick schenken lassen für die Not anderer, die noch größer ist als unsere eigene.

Wer dankbar auf bessere Tage zurückschaut und in seiner eigenen Not die Not anderer nicht vergisst, denkt dann vielleicht auch einmal über diese Frage nach:

Wie konnte Gott das Gute bisher in meinem Leben zulassen?

Wir tun gut daran, nichts selbstverständlich zu nehmen, sondern Gott als dem Geber aller Gaben täglich zu danken. Wer in guten Tagen gelernt hat, in Gottes Gegenwart zu leben und alles dankbar aus seiner Hand zu nehmen, hat es in schlechten Tagen leichter.

5. Gott hat mit jedem Menschen einen wunderbaren Plan

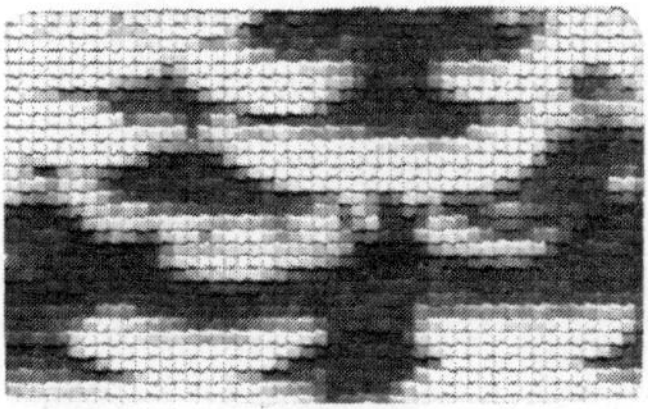

Ich denke an das Bild von einem gewebten Teppich: Von unten sieht alles verworren und unordentlich aus, von oben sehen wir ein wunderbares Muster.

Wir können von dem großen französischen Mathematiker Blaise Pascal lernen, der im Alter von 39 Jahren an einer unheilbaren Krankheit starb:

> »Herr, ich weiß, dass ich nur eines weiß: dass es mir gut ist, dir zu folgen, und dass es mir schädlich ist, dich zu beleidigen. Ich weiß nicht, was mir nützlicher ist, Gesundheit oder Krankheit, Reichtum oder Armut. Diese Entscheidung liegt in deinem Willen verborgen, den ich anbeten und nicht ergründen will.«

Ob krank oder gesund, ob in ganz miesen Umständen oder die Annehmlichkeiten des Lebens genießend – Gott will uns gebrauchen. Und das Bewusstsein: Ich kann mich als »kleiner« Mensch für den »großen« Gott nützlich machen, dieses Bewusstsein lässt mich auch meine Lebensumstände ganz anders beurteilen.

1984 bis 1986 – in dieser Zeit verbrachte ich mehr als 60 Tage im Krankenhaus. Ich war in vieler Hinsicht eingeschränkt. Niemand wusste, wie mein Leben weitergehen sollte. Aber auch in dieser Zeit habe ich erlebt, dass mein Leben einen Sinn hat. Jeder Krankenhausaufenthalt war auch eine besondere Gelegenheit, meinem Gott zu dienen. Die intakte Gottesbeziehung gibt Halt in der Not. Deshalb nenne ich Ihnen noch einmal einige konkrete Punkte als Hilfe im Leid.

TIPPS

1. *Wir brauchen das biblische Gottesbild*, um überhaupt eine Antwort auf die Leidfrage zu finden. Deshalb informieren Sie sich durch die Bibel über Gott und sein Wesen.

2. *Reden Sie mit Gott!* Sagen Sie ihm alle Not! Das ist die große Chance, die Gott uns gibt. Gott wird nicht müde, uns anzuhören (Jesaja 65, Vers 24).

3. *Leben Sie im Bewusstsein, dass Gott Sie gebrauchen will.* Er hat Gutes mit Ihnen im Sinn. Jeder Mensch ist dazu bestimmt, dass die Werke Gottes in seinem Leben sichtbar werden.

4. *Tun Sie, was Jesus Ihnen deutlich macht:* durch sein Wort, durch andere Christen, durch Erfahrungen im Alltag. Alles, was Sie erleben, hat einen tiefen Sinn. Auch wenn Sie ihn (noch) nicht verstehen.

5. *Lernen Sie, Jesus konkret zu gehorchen* – auch dann, wenn sie Unverständis von anderen ernten.

6. *Suchen Sie Gemeinschaft mit Gott und anderen Christen.* Viele machen den Fehler, dass sie sich zurückziehen, wenn sie leiden. Genau das Gegenteil sollten wir tun. Wir dürfen auf andere zugehen. Und damit haben wir auch die große Chance, anderen zu helfen. Wenn man selbst drinsteckt in der Not, kann man am ehesten anderen Mut zusprechen. Das habe ich persönlich oft erlebt.

Als ich 1991 ...

... in der Aula des Gymnasiums in Hilchenbach bei Siegen über dieses Thema sprach, wurde während des Vortrags ein junger Mann im Rollstuhl in die Aula gefahren. Können Sie sich vorstellen, wie mir zumute war? Ich will über das Thema Leid sprechen, und dort wird ein junger Mann im Rollstuhl in den Raum geschoben. Nach dem Vortrag ging ich zu ihm und fragte vorsichtig, ob ich ihm helfen konnte durch das, was ich gesagt habe. Er strahlte mich an und sagte: »Ich bin Christ.« Mir fiel zunächst ein großer Stein vom Herzen, denn an seiner Reaktion merkte ich, dass er für sich persönlich eine Antwort auf sein Leid gefunden hatte. Dann erzählte er:

»Ich war 20 Jahre alt, als ich bei einem schweren Motorradunfall lebensgefährlich verletzt wurde und seitdem querschnittsgelähmt bin. Ich bin mir jedoch sicher, dass mein Weg zum Glauben an Jesus Christus und damit zum ewigen Leben nur über den Rollstuhl führte, weil ich anders nie auf Gott gehört hätte. Heute kann ich Gott für meinen Weg und sogar für meinen Rollstuhl danken, denn ich habe viel mehr gewonnen als verloren.

Der Tod hat für mich seinen Schrecken verloren, denn *wer den Sohn Gottes hat, der hat das Leben.*«

In seinem Leben bewahrheitet sich die Aussage, die wir im Propheten Jesaja finden: »*Zum Heil wurde mir bitteres Leid*« (Jesaja 38,17).

Diesem jungen Mann ist bis heute klar: »Besser 50 Jahre im Rollstuhl und dann in Ewigkeit bei meinem Gott als hier kerngesund gelebt, begeisterter Motorradfahrer, aber gottlos und für alle Zeit in der Gottesferne, getrennt von Gott.«

Leid als Chance

Leid ist für viele das große Stoppschild im Leben. Leid macht nachdenklich. Leid ist Gottes Ruf zum Vertrauen auf ihn. Der junge Mann machte eine Kehrtwendung. Er sprach ein klares NEIN zu seinem alten Leben ohne Gott. Gleichzeitig sagte er JA zu einem Leben mit Jesus Christus, dem Sohn Gottes. So äußert sich der Glaube an Gott.

Leid beinhaltet also auch eine Chance: nämlich Gottes Liebe anzunehmen wie sie im folgenden Gebet angesprochen wird:

> »Herr, ich danke dir, dass mein Leben in deiner Hand ist. Herr, ich weiß, dass alles, was in meinem Leben geschieht, zu meinem Besten dient. Lass mich das nie vergessen, gerade auch dann, wenn dunkle Wolken aufziehen. Gleichzeitig bin ich mir bewusst, dass ich dich nicht in allem verstehen kann, ich dir aber umso mehr vertrauen will.«

Lesen Sie die folgenden Berichte von Christen, die mit der Frage des Leids konfrontiert wurden. Ich wünsche Ihnen, dass Sie auch dadurch für sich persönlich einer Antwort ein Stückchen näher kommen.

Ihr Hartmut Jäger

Joana Kloos

Wie Gott führen kann ...

Joana Kloos wächst in Rumänien auf, in Langendorf (Siebenbürgen), einem Dorf mit 1.400 Einwohnern. Mit ihrer Familie besucht sie die rumänisch-orthodoxe Kirche, zu Hause beten sie das Vaterunser. »*Wir glaubten an Gott, aber wir wussten wenig von Jesus*«, sagt Joana Kloos. Nach dem Schulabschluss und der Ausbildung zur Schreinerin nutzt sie 1991 die Chance, nach Deutschland zu gehen. Die Sprache lernt sie schnell. Sie lernt ihren Mann Robert kennen, auch er ein Rumäniendeutscher. Sie heiraten, ein Jahr später kommt ihre Tochter Deborah zur Welt.

Die letzte Reise

Am Samstagnachmittag des 13. Dezember 1997 starten Robert und Joana Kloos mit Deborah in ihrem BMW 318 die letzte gemeinsame Reise nach Rumänien. Sie wollen die Eltern besuchen und mit ihnen Weihnachten feiern. Es ist eine lange Fahrt, über 1.500 Kilometer legen sie zurück. Sie wechseln sich mit dem Fahren ab, gönnen sich nur kurze Pausen. Gegen Mitternacht meldet sich Deborah von der Rückbank. »*Ich bete jetzt, und dann schlafe ich*«, sagt sie.

Es sind die letzten Worte in ihrem Leben. Sie kuschelt sich an ihr braunes Plüschkätzchen und schläft ein. Ein letztes Mal wechseln Robert und Joana Kloos die Plätze. Robert fährt, Joana schläft auf dem Beifahrersitz.

Es ist gegen 7.30 Uhr rumänischer Zeit, etwa 30 Kilometer vor dem Ziel, als der BMW mit einem entgegenkommenden Wagen zusammenprallt. Im anderen Fahrzeug sitzen drei Männer, die auf dem Weg zu einem Gottesdienst sind. Alle sind sofort tot.

Doch Joana Kloos lebt. Sie hört, wie jemand von außen ans Auto klopft. *»O Gott, hier brennt jemand«*, hört Joana Kloos. Es klingt für sie wie eine Stimme aus einer anderen Welt. Nur langsam begreift sie, dass sie gemeint ist. Die Fahrzeugtür wird geöffnet, zwei Hände greifen nach ihr und ziehen sie hinaus. Joana Kloos will ihre Tochter retten, sie will zurück zum Auto, doch sie kann nichts sehen. Sie möchte laufen, jemand hält sie fest. Sie hört noch, wie der Tank ihres Autos explodiert. Dann wird sie ohnmächtig. Die Familie von Joana Kloos erfährt am selben Tag aus dem Fernsehen, dass Robert und Deborah tot sind.

40 Tage im Koma

Joana Kloos ist die einzige Beteiligte, die den Unfall überlebt. Ihr Kopf, ihr Hals und ihre Arme erleiden Verbrennungen dritten und vierten Grades. Ärzte retten sie, indem sie ihre Luftröhre aufschneiden. 40 Tage wird sie ins künstliche Koma versetzt. Innerhalb von zwei Monaten wird sie 16-mal operiert.

Sie amputieren ihre linke Hand, sie amputieren die Finger ihrer rechten Hand, später konstruieren sie neue Augenlider. Bei den täglichen Verbandswechseln spürt Joana die Schmerzen; doch sie kann nicht schreien und nicht weinen.

Der Blick in den Spiegel

Als Joana Kloos entlassen wird, ist sie ein neuer Mensch in einem gealterten Körper. Ihr Gesicht sieht aus wie eine Maske, in der für Augen, Mund und Nase Schlitze freigelassen worden sind. Ihr linkes Auge ist erblindet, sie trägt eine Perücke und an der linken Hand eine Prothese. Als Joana Kloos zum ersten Mal nach dem Unfall in einen Spiegel schaut, hält sie den Anblick nur wenige Sekunden aus. »*Der Gedanke, mit diesem Gesicht weiterleben zu müssen, war für mich einfach unerträglich. Ich hatte keine Kraft, über mein Leben nachzudenken.*«

Die neue Haut spannt, Joana Kloos benötigt Schmerzmittel und Antidepressiva. In Bad Camberg (bei Limburg) macht sie eine Kur, begleitet von ihrer Schwester, ihrer Schwiegermutter und ihrer Schwägerin Sofia Kloos (29). Die liest ihr jeden Tag aus einer

Kinderbibel vor. Wieder daheim besuchen sie zusammen den Gottesdienst der Freien Brüdergemeinde Haiger-Seelbach. »*Ich weiß nicht mehr, wer predigte. Ich weiß nur noch, dass der Prediger dazu aufrief, mit Jesus zu leben*«, erinnert sich Joana Kloos. »*Ich war fast tot gewesen. Ich spürte, dass Gott mich überleben ließ, damit ich mich für ihn entscheide. Ich konnte keine Minute länger zögern.*« Nach dem Gottesdienst betet sie mit ihrer Schwägerin Sofia Kloos und wird Christin. Wenn Joana Kloos heute am Abendmahl ihrer Gemeinde, der Freien Brüdergemeinde Haiger-Steinbach, teilnimmt, bricht der neben ihr Sitzende ihr das Brot.

Manchmal wird sie gefragt, wie sie an Gott glauben könne, wo sie doch Mann und Kind verloren und dazu ihre Gesundheit eingebüßt habe. »*Bevor ich Christ wurde, habe ich ähnlich gedacht*«, sagt Joana Kloos. »*Meine Ehe, unser Kind, Arbeit und Gesundheit – das nahm ich alles als selbstverständlich. Heute empfinde ich das anders. Mir ist viel genommen worden, aber auch so viel geschenkt: Ich habe Luft zum Atmen, ich kann sehen, ich habe die Gemeinde und die Familie meiner Schwägerin und vor allem: Ich habe ewiges Leben!*«

Karsten Huhn

Joachim Köhler, Verlagsmitarbeiter

Glaube in der Zerreißprobe

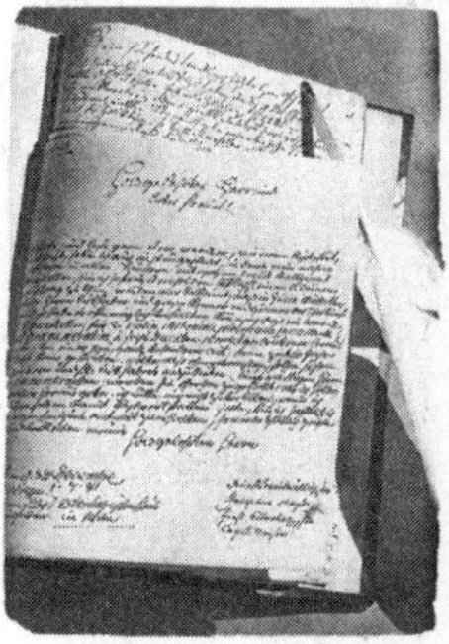

Nein, eine solche Praxisnähe hatte ich mir eigentlich nicht gewünscht, als ich anfing, diesen Beitrag zu schreiben!

Anhaltender beruflicher Stress und hartnäckige gesundheitliche Probleme führten zu Phasen längerer Schlaflosigkeit, in denen ich etwas von dem empfand, was Hiob im gleichnamigen Buch folgendermaßen beschreibt:

> *»Wenn ich mich niederlegte, so sagte ich: Wann kann ich aufstehen? – Und der Abend zieht sich hin und ich bin gesättigt mit Unrast bis zur Morgendämmerung.«*
>
> (Hiob 7,4)

Plötzlich war ich dankbar dafür, dass uns in diesem Buch die Erfahrungen eines Menschen im Umgang mit Leid aufgezeichnet sind, plötzlich stand mir dessen Hauptgestalt näher als je zuvor!

Wer war Hiob?

Zunächst wird uns Hiob als vorbildlicher, charakterlich hoch stehender, aufrichtiger und nach Gottes Maßstäben lebender Mensch vorgestellt. Sowohl in seinem Umgang mit anderen als auch in seiner Beziehung zu Gott gab er seinen Mitmenschen ein einzigartiges Beispiel. Bemerkenswert!

Außerdem war er reich. Sein ungewöhnlich großer Besitz war Ausdruck umfassenden göttlichen Segens. Hiob lag außerdem das geistliche Wohl seiner Kinder am Herzen. Bei entsprechenden Feiern brachte er Brandopfer dar und trat für sie vor Gott ein.

Wenn Leid plötzlich hereinbricht

Doch über Nacht wendet sich das Blatt. Satan, der Gegenspieler Gottes, bekommt die Erlaubnis, Hiobs gesamten Besitz zu vernichten. Es geht Schlag auf Schlag! Der Teufel, in seinen brutalen Mitteln nicht wählerisch, hebt den schlimmsten Schlag bis zuletzt auf: Die zehn Kinder Hiobs kommen bei einem Familienfest ums Leben, als das Haus, in dem sie feiern, einstürzt.

Und Hiob? Hat sich für ihn die Sache mit Gott erledigt? Nein! Er trauert und – betet Gott an! (Hiob 1,21)

»... Der Herr hat gegeben und der Herr hat genommen, der Name des Herrn sei gepriesen.«

Satan muss eine erste große Niederlage einstecken!

Aber er lässt nicht locker! Ihm wird erlaubt, Hiob zum zweiten Mal anzugreifen. Diesmal attackiert Satan Hiob direkt. Sein Leben darf er ihm nicht nehmen, wohl aber seine Gesundheit.

Der zweite Angriff beginnt. Innerhalb kurzer Zeit ist Hiobs Körper mit eitrigen Geschwüren bedeckt, die ein schmerzhaftes Jucken hervorrufen. Zu Hiobs physischen Qualen gesellt sich die mit der Krankheit verbundene soziale Degradierung: In seinem kaum vorstellbaren körperlichen Zustand gilt er als Ausgestoßener.

Und damit nicht genug: Der einzige Mensch, der ihm noch geblieben ist – seine Frau – fordert ihn auf, mit Gott Schluss zu machen, statt ihrem Mann in seiner Not beizustehen. Hiob jedoch bleibt standhaft. Sein Glaube trägt!

Das ist die zweite empfindliche Niederlage Satans!

Wenn aus Freunden gefühllose Ankläger werden

Die drei Freunde Hiobs erfahren, was passiert ist. Sie beschließen, ihn zu besuchen. Was sie sehen müssen, übertrifft bei Weitem ihre schlimmsten Vorstellungen. Ihr anfängliches Verhalten nach der Ankunft ist der unbeschreiblichen Situation durchaus angemessen: Nachdem sie Schmerz und Trauer bekundet haben, sitzen sie schweigend da. Einfach so. Sieben Tage lang!

Hiobs Klage in Kapitel 3 bricht das Schweigen, die Debatte ist eröffnet. In Rede und Gegenrede werden die jeweiligen Standpunkte ausgetauscht. Doch nun, da die Freunde zum Reden ansetzen, zeigt sich, dass sie durch ihr schweigendes Mitleiden Hiob einen größeren Dienst erwiesen haben als durch all ihre Worte. Ihre Versuche, die Ursache des Leidens Hiobs herauszufinden, erweisen sich bald als geistlicher Flop. Ihre Bemühungen, damit die Probleme des Freundes zu lösen, scheitern auf der ganzen Linie. Im Grunde gießen sie Öl in das Feuer, das im Herzen Hiobs tobt.

Obwohl die Freunde verschiedene Akzente setzen, lassen sich auch Gemeinsamkeiten in ihrer Argumentation erkennen.

Im Folgenden kurz eine Zusammenfassung ihrer wichtigsten Gedankengänge:

- Die Beweisführung *Elifas'* besteht darin, Leiden als zwangsläufige Folge der Sünde anzusehen: »*Weil du leidest, Hiob, musst du umkehren, damit Gott dein früheres Glück wiederherstellen kann!*«

- *Bildads* Reden stützen sich weitgehend auf die Tradition. Seine Worte erschöpfen sich zum großen Teil in frommen Phrasen: »*Gott hat seine Gründe dafür, warum er dir, Hiob, nicht antwortet!*« Es ist, als schwinge die Frage mit: »*Liegt da irgendwo eine verborgene Sünde vor, Hiob?*«

- *Zofar* lehnt sich unter den dreien am weitesten aus dem Fenster. Er behauptet, Gottes Wege vollkommen erkannt zu haben. »*Du wirst weniger hart bestraft, als du es verdienst, Hiob!*« Eine vermessene Feststellung!

Wenn Gott dem Menschen Fragen stellt

In Kapitel 32,1-3 wird der tote Punkt erreicht: Während Hiob bei seiner Selbstrechtfertigung bleibt, haben die Freunde mit all ihren klugen Worten keine Lösung für Hiobs Probleme gefunden, sondern ihn verurteilt. Der Gesprächsfaden reißt ab.

Jetzt betritt *Elihu* den Schauplatz des Geschehens. Als Jüngster, der offensichtlich erst später hinzugekommen ist, hat er bisher geschwiegen.

Nun tadelt er Hiob, weil der sich in seinen Worten gegenüber Gott zu weit vorgewagt hat. Obwohl Elihu an manchen Stellen selbstsicher wirkt, erkennt er richtigerweise, dass Leiden oft keine Strafe, sondern eine Erziehungsmaßnahme Gottes ist.

Elihus Reden bereiten dem Eingreifen Gottes den Weg. Gott gibt Hiob keine Antworten, im Gegenteil – es ist Gott, der jetzt die Fragen stellt (Hiob 38-41)! Hier bewahrheitet sich, was Hiob bereits selbst gesagt hatte: Das Geschöpf Mensch »*könnte ... ihm auf tausend nicht eins antworten*« (Hiob 9,3).

Gottes Reden lässt seine Macht, Weisheit und Souveränität erkennen. Er zeigt sich als Schöpfer und Erhalter des unbelebten Kosmos und der Tierwelt. Im Grunde will er sagen: »Wenn du, Hiob, schon in diesem Bereich meine Wege nicht verstehen kannst, wie willst du erst mein Handeln auf geistlichem Gebiet begreifen?«

Dieses Reden Gottes führt zum Ziel. Er kann Hiob dahin führen, wo er ihn haben will – in eine tiefe Selbsterkenntnis ...

»Ich verwerfe mein Geschwätz und bereue in Staub und Asche«

(Hiob 42,6);

... und in eine erneuerte, vertraute Gemeinschaft mit ihm, die gegenüber der früheren Gottesbeziehung Hiobs eine völlig neue Qualität erreicht.

Hiobs Leiden ist zu Ende. Er wird wieder gesund, darf sich über verdoppelten Reichtum und erneuten Kindersegen freuen. Das Leben Hiobs – nur eine alte Geschichte mit Happy End?

Wenn Leid heute schmerzt

Die Frage nach dem Warum des Leids beschäftigt Menschen bis heute – einschließlich Christen! Zunächst gilt prinzipiell, was auch im Falle Hiobs zutraf, selbst wenn dies auf den ersten Blick unbefriedigend erscheint: Wir bekommen nicht auf alles Antworten!

- Ich kann keine letzte Antwort finden, wenn mich vier Augenpaare traurig ansehen, als wollten sie fragen: »Warum wurde unsere Mutter so früh abgerufen? Weshalb musste sie schon mit 31 Jahren an Krebs sterben?«
- Ich weiß nicht, warum Gott es zugelassen hat, dass ein LKW in das Auto einer jungen polnischen Familie raste, so dass alle vier Insassen – Eltern und Kinder – sofort starben. Sie waren auf dem Weg zu einer christlichen Freizeit, als das Unglück geschah.
- Und ich weiß nicht, warum ein seit Jahrzehnten bewährter Christ und Bibelschullehrer plötzlich schwer erkrankte. Die Ärzte »gaben« ihm nur noch wenige Wochen. Nachzulesen in einem Buch mit dem Titel: »*Ich frage nicht warum*«, in dem seine Frau Stationen in der Begleitung des Schwerkranken skizziert.

Ich weiß es nicht!

Wenn aus dem Warum ein Wozu wird

Die Frage »*Warum müssen Menschen leiden?*« oder – persönlicher formuliert – »*Wieso trifft es mich?*« werden wir auf der Erde nie ganz beantworten können. Schon viele haben sich darüber den Kopf zerbrochen, ja manche sind angesichts ihrer leidvollen Erfahrungen bitter geworden. Der Schlüssel zum richtigen Umgang mit Leid scheint im Wechsel der Blickrichtung zu liegen.

Warum-Fragen sind immer rückwärts gewandt bzw. halten uns in der Gegenwart gefangen. Wenn wir die Frage nach dem Wozu stellen, richtet sich der Blick in die Zukunft – auf die Absichten, die Gott in der jeweiligen Situation verfolgt.

In diesem Zusammenhang gibt es mindestens vier grundsätzliche Aussagen, die uns weiterhelfen:

1. *Gott lässt Leiden in unserem Leben gelegentlich zu, damit er verherrlicht wird.*

   Dies wird insbesondere in den ersten beiden Kapiteln des Buches Hiob deutlich. Hiob blieb angesichts der Wucht satanischer Angriffe Gott treu. Während Gott das Feld behalten hatte, musste sich Satan in diesem Konflikt geschlagen zurückziehen. Dies trug zur Verherrlichung Gottes bei.

2. *Durch manchmal auftretende Leiden soll unsere Beziehung zu Gott fester und intensiver werden.*

Hiob ist nach seiner Wiederherstellung innerlich weiter gekommen als zuvor. Dies geht aus seinen Worten in Kapitel 42,1-6 eindeutig hervor. Dass beide Aspekte – die Ehre Gottes und unser geistlicher Fortschritt – zusammengehören, bringt ein Buchautor folgendermaßen zum Ausdruck:

> »In den tiefsten Tiefen Überwinder durch den Glauben zu werden, ist Gottes wunderbares Ziel mit uns, das ehrt und erfreut ihn.«

Die Erfahrung, die Hiob und viele Menschen seither durchlebt haben, wird in einem neueren Lied wie folgt formuliert:

> »Du lässt mich in die Tiefe gehen,
> damit ich sehe, wer ich bin.
> Doch, Herr, du lässt mich nicht dort stehen,
> du ziehst mich wieder zu dir hin.«

3. *Menschen haben damals unmittelbar miterlebt, wie man Leid ertragen kann, ohne an Gott zu zerbrechen.*

Gott wusste nicht nur, wie belastbar Hiob ist, sondern sorgte auch dafür, dass Hiob innerlich gestärkt und gereift aus dieser Situation hervorging. Das blieb Hiobs Freunden nicht verborgen. Sicher hat dies auch seine Frau miterlebt. Mit anderen Worten: Hiobs Erfahrungen haben bei den ihm nahe Stehenden einen tiefen, unauslöschbaren Eindruck hinterlassen. Leiden als Möglichkeit zum Zeugnis gegenüber distanzierten Menschen!

4. *Ein äußerst wichtiger Aspekt ist die Tatsache, dass Jesus Christus auf Golgatha siegreich geblieben und nach drei Tagen auferstanden ist.*

Dies ist die Garantie dafür, dass das Ende all unseres Leids auf der Erde definitiv feststeht.

Paulus schreibt dazu in Römer 8,18:

> *»Ich bin ganz sicher, dass alles, was wir jetzt erleiden, nichts ist, verglichen mit der Herrlichkeit, die wir einmal erfahren werden«*

In dieser Hinsicht sind wir Hiob gegenüber im Vorteil. Er kannte noch nicht die Perspektive, die uns solche und andere Stellen bezüglich der Überwindung menschlichen Leids eröffnen.

Wer Leid aus dieser Perspektive sieht, kann bestätigen: »Wie wunderbar zu wissen, dass Gott alles weiß und zusagt, uns auch in solch bedrückenden Erlebnissen beizustehen, in allem Schmerz zu trösten.« Eine Erkenntnis, die ich ganz neu durchbuchstabieren muss – nicht nur, wenn ich unter Schlaflosigkeit leide.

Roger Niemann

Plötzlich war alles anders

Eine »Magen-Darm-Verstimmung« führte mich zum Hausarzt. Sein Verdacht: Darmverschluss – sofortige Einweisung ins Krankenhaus. Dort war schnell klar: kein Darmverschluss, aber Wasseransammlungen im Bauchraum. Verlegung in die Uni-Klinik. Nach vielen Untersuchungen die Diagnose: Thrombosen in den Lebervenen. Als Folge davon war die Leber zu mehr als der Hälfte nicht mehr durchblutet. Die einzige erfolgversprechende und die Lebensqualität wiederherstellende Therapie war eine Lebertransplantation.

In der nun folgenden Zeit hatten meine Frau und ich viel Gelegenheit, nachzudenken und zu beten. Unsere Überzeugung ist: Unser Leben lag und liegt in der Hand unseres Vaters im Himmel. Ist mein Weiterleben sein Wille, dann wird er auch zum richtigen Zeitpunkt ein passendes Spenderorgan schenken. – So stimmten wir im Vertrauen auf unseren Gott einer Transplantation zu.

Nun hieß es warten. Unsere Geduld und unser Vertrauen wurden auf eine harte Probe gestellt. Nach wenigen Wochen stellte man auch an den Halsvenen Thrombosen fest – erneut Krankenhausaufenthalt, Untersuchungen, Behandlungen.

Ich durfte nichts mehr tragen und auch nicht handwerklich arbeiten – eine harte Sache für mich. Doch spürten wir die ganze Zeit die helfende Hand unseres Herrn: Ich hatte Zeit, mich darauf einzustellen, was auf mich zukam; ich bekam Kraft, Geduld und eine relative gesundheitliche Stabilität.

Nach fast vier Monaten Wartezeit erfolgte dann die Transplantation. Die Operation gelang, und auch der weitere Heilungsverlauf war gut. Es erfolgte keine Abstoßung des neuen Organs. Nach etwa vier Wochen konnte ich entlassen werden und eine Woche später zu Hause meinen Geburtstag feiern.

Die Worte aus Psalm 31,15 sind in meinem und im Leben meiner Familie Wirklichkeit geworden:

»Ich aber, Herr, vertraue dir.
Du bist mein Gott,
daran halte ich fest.«

Wir haben es lernen dürfen und lernen müssen, unserem Herrn tatsächlich zu vertrauen und auch im Leid bewusst an ihm festzuhalten. Und wir haben seine Führung und sein Festhalten erlebt.

Joachim Pletsch, Lektor

Warum lässt Gott das zu?

Was für eine schöne Ausflugsfahrt war es gewesen! 32 Christen, zum größten Teil Mitglieder des Chores einer christlichen Gemeinde, genießen auf der Heimfahrt von einem Ausflug die letzten Stunden des Zusammenseins im Austausch über die Erlebnisse des Tages, mit Fröhlichkeit und Liedern. Bald wird man wohlbehalten am Ziel ankommen.

Doch plötzlich ein gewaltiger Schlag, ein lang gezogenes hässliches Schleifen, ein Reißen und Krachen. Unzählige kleine Glassplitter rauschen von der linken Seite her in den Bus hinein und überschütten die Insassen. Sitze brechen auseinander, Personen werden durcheinander gewirbelt. Noch einmal geht ein gewaltiger Ruck durch den Reisebus, dann steht alles still.

Am 2. Juni 1994 um ca. 21 Uhr ist ein schwerer LKW in einer kleinen Ortschaft kurz vor Siegen von der eigenen Fahrspur abgekommen und mit voller Wucht in den entgegenkommenden Reisebus geprallt und hat dessen gesamte linke Seite förmlich aufgeschlitzt.

Am schlimmsten hat es die Sitzreihen am Fenster in der Mitte des Busses getroffen. Beim Aufprall auf die Hinterachse des Busses kommt der LKW schließlich zum Stillstand.

Im Reisebus herrscht für die nächsten Augenblicke Orientierungslosigkeit, dann bricht Hektik aus. Alle, die sich noch bewegen können, wollen raus. Schmerzenschreie, Weinen, aufgeregtes Fragen und Rufe nach Hilfe mischen sich. Draußen laufen Dorfbewohner zusammen, bieten Hilfe an. Entsetzen breitet sich aus über das schlimme Unglück. Gibt es Tote? Wer ist alles verletzt? Wie kann man die Verletzten versorgen? Wo soll man helfen?

Später wird aber vor allem eine Frage gestellt: Warum musste ein so schöner Tag auf diese Weise enden? Hier hatten doch Christen Gott um Bewahrung auf der Fahrt gebeten!

Im Krankenhaus, nach der Operation, kommen auch bei mir die Fragen: Warum geschieht so etwas? Gott sei Dank, es hat keine Toten gegeben, »nur« Schwer- und Leichtverletzte. Ich selbst habe einen Trümmerbruch erlitten. Was sagt mir das als Christ, wenn so ein Schlag mein Leben trifft? Hat Gott etwas damit zu tun? Was ist mit der so häufig gestellten Frage »Warum lässt Gott das zu?«, in der auch ein gewisser Vorwurf liegt?

Jetzt stehe ich selbst als Betroffener vor dieser Frage, und nach einigem Nachdenken wird mir klar: Es geht nicht einfach nur darum, »Gründe« zu finden oder Zusammenhänge zu erklären. Natürlich kann das helfen, mit einem erlebten Unglück umzugehen. Tagtäglich werden in Nachrichtensendungen Mitteilungen über Unglücksursachen gemacht. Aber solche Erklärungen helfen nicht, wenn man sich fragt, warum es einen persönlich trifft. Es bleibt oft einfach unbegreiflich, warum Menschen leiden müssen.

Und diese Unbegreiflichkeit kann man nur aushalten, wenn man das Leiden und auch das Unglück annehmen kann – und Frieden darüber findet.

Schon in der Nacht, noch vor der Operation, habe ich diesen inneren Frieden gespürt. Gott war mir ganz nah, und ich merkte in dieser Lage, wie wertvoll jetzt mein Glaube an Jesus Christus war, den ich schon als Kind gefunden hatte. Ja, ich war Gott sogar dankbar für diese Erfahrung, denn sie war wie eine Art Test für mich, der mir bewies, dass Gott wirklich da ist und mich hält, wenn es mir schlecht geht. Das hat mich in meinem Glauben bestärkt.

Mein Fazit nach diesen Erlebnissen: Frieden auch im Leid kann man finden, wenn man sich Jesus Christus bedingungslos anvertraut. Das ist ein Friede, der allen Verstand übersteigt (wie es die Bibel in Philipper 4,7 sagt). Es ist ein Friede, für den Gründe und Erklärungen zweitrangig sind, ein Friede, der »am Verstand vorbei« direkt ins Herz fließt. Es ist ein unbeschreibliches Gefühl, wenn man sich auch im Unglück und im Leid von Gott getragen weiß und Frieden darüber im Herzen hat.

Es ist ein Friede, der »am Verstand vorbei« direkt ins Herz fließt.

Kurt Scherer

»... ich vertraue dir trotzdem!«

Die Antwort eines Seelsorgers, der selbst viel Leid erlebt hat. In 20 Jahren verantwortlichen Dienstes in der Brief- und Telefonseelsorge des Evangeliums-Rundfunks (ERF) wurde mir diese Frage oft gestellt. Aber ich kenne sie auch aus eigener Betroffenheit. Mit 34 Jahren bekam ich einen Herzinfarkt. Dann ereilte mich 1994 ein Hirninfarkt, und 1997 musste ich mich einer schweren Herzoperation unterziehen – und das alles im „Dienst für Jesus"!

Um es gleich vorweg zu sagen: Ich habe keine endgültigen, für alle zutreffende Antworten. Das Leben der Fragesteller ist zu unterschiedlich, um eindeutig zu antworten. Daher einige grundsätzliche seelsorgerliche Anmerkungen:

- Ich wendete mich mit meinen Fragen nach dem „Warum und Wozu" (Rück- und Vorschau) an den, von dem ich – wenn überhaupt von jemandem – eine wegweisende Antwort erhalten konnte: an Gott. Gott blieb in all meinem Hoffen und Bangen „Mein Gott!".

- Ich übte das Gott vertrauende, und nicht das Gott misstrauende „Aber!“ – „Mein Gott“, es spricht alles gegen dich, „aber“ ich vertraue dir trotzdem!

- Ich habe gelernt, neue Prioritäten in meinem Leben zu setzen: Gestern ist vorbei, Morgen noch nicht da. Heute, das ist mein Leben. Ich will es dankbar leben!

- Leid und Leiden haben ihren Eigenwert. Die Erfahrungen, die wir darin sammeln, können wir sonst nirgends machen.

- Gottes Güte, der Menschen Freundlichkeit und immer wiederkehrendes Üben von gottvertrauendem Denken gegen den Augenschein (Hebräer 11,1), ebenso wie die notwendigen Reha-Maßnahmen, ließen mich in den Talsohlen meines Lebens immer wieder erfahren: *„Du bist bei mir!“* (Psalm 23).

- Mein Leben ist in diesen Jahren anders geworden. Keinesfalls ärmer, aber profilierter! Ich habe im Aufbegehren gegen diese Wegführungen viel Kraft verloren. Heute setze ich diese Kraft zum konstruktiven Gestalten meines Lebens ein.

Inschrift auf dem Friedhof von Adelboden/Schweiz

Hartmut Jaeger

Ja, aber ...

42 Fragen, Einwände und
Antworten zum Leben

Tb., 128 Seiten
Best.-Nr. 273.546
€ (D) 2,50; € (A) 2,60; SFR 4,80

ISBN: 978-3-89436-546-2

Der Autor gibt auf einfache Weise Antwort auf die verschiedensten Einwände zum Leben und Glauben, die dem nach Gott Suchenden häufig Schwierigkeiten bereiten. Das Buch ist eine Fundgrube mit hilfreichen Erklärungen zu aktuellen Themen für den missionarisch Interessierten.

Christliche Verlagsgesellschaft mbH
Kompetent. Profiliert. Engagiert.

BUCHEMPFEHLUNG

Hartmut Jaeger /
Joachim Pletsch (Hrsg.)

Leid, Tod, Trauer

Ein Wegweiser zur Hoffnung

Tb., 160 Seiten
Best.-Nr. 273.455
€ (D) 3,90 € (A) 4,00 SFR 7,70

ISBN: 978-3-89436-455-7

Über dem Leben jedes Menschen schwebt die Angst davor, leiden zu müssen. In diesem Buch berichten u.a. Menschen, die durch Krankheit oder Unfall ihren Ehepartner oder ihr Kind verloren haben. Ihre Berichte zeigen, dass Gott auch in den dunkelsten und schwersten Stunden des Lebens da ist, tröstet und hilft.